O que esperamos de Jesus!

Queridos podem perceber que nossos pequeninos não podem viver por si só, por isso é que somos pais dedicados e atentos às necessidades de nossos filhos.

Estamos nos preparando com base na palavra de Deus e em espírito para poder cuidar melhor da área espiritual de seus filhos, por que para Deus, eles são tão ou até mais importante que muitos. E é o senhor nosso Jesus que fala.

Deixe que venham a mim todos os pequeninos, não os impeças, pois deles é o reino dos Céus.

(Marcos 10-13 a16).

O senhor está tão atento e voltado aos nossos pequeninos, porque é neles que encontramos a inocência e a pureza de seu espírito.

r de em conjunto do senhor Jesus, buscam Amém.

A vida em casa pode não ser a melhor possível, mas quando Jesus mora em nossos corações, ela fica mais fácil de viver. Precisamos ensinar as nossas crianças que a vida vai além de tudo isso, e o verdadeiro motivo porque estamos aqui é adorar a Deus.

Precisamos lhes ensinar a ser gratos ao senhor por tudo, e reconhecer que não somos nada sem ele.
Mostrar como Deus é bom!

Já diz o ditado que mente vazia, é a casa do inimigo. Ele se aproveita para morar, e dominar tudo o que esta ao seu redor, virando assim mente perigosa.

Não deixe que o inimigo de Jesus, venha dominar a vida de seu filho, tornado-a infrutífera sem amor, ou obediência até mesmo das suas condutas.

Nós somos os milagres de Deus, amém, isso é motivo de gratidão todos os dias ao pai pela a permissão de estarmos bem com saúde e vida, de termos filhos saldáveis e perfeitos.

De poder constituir uma família, e poder escolher estar em sua presença todos os dias, saber que aconteça o que acontecer ele nunca nos abandonará.

O senhor é o meu pastor e nada me faltará.
(salmo 23-01)

E que o seu espírito, o Espírito santo de Deus sempre nos guardará.

Abençoa senhor nossos filhos, sobrinhos, vizinhos, e á todas as crianças do mundo amem.

Essa oração tem que ser feita a todo o momento, um pai em oração pelo seu filho sem César, reconhecer que o único a guardar e cuidar de seu filho é Deus.

A sua boca tem que servir para abençoar o seu filho a todo o momento, você tem que ser o primeiro a amá-lo deixar isso bem claro para eles.

Pai escreve-vos porque conhecestes aquele que é desde o princípio, jovem escrevo-vos porque vencestes o maligno.
Eu vos escrevi filhos, porque conhecestes o pai.

Eu vos escrevi pais, porque já conhecestes aquele que é desde o princípio. Eu vos escrevi Jovens porque sois fortes, e a palavra de Deus esta em vos, e já vencestes o maligno.

Não ameis o mundo, nem o que no mundo há. Se alguém ama o mundo, o amor do pai não esta nele.

(1º João 2-13, 14,15)

Vamos ensinar aos nossos pequeninos a amar, e reconhecer que só há um Deus, e que somente a ele devemos cultuar e adorar.

Fazemos entender aos nossos filhos que vivemos no mundo, mas não somos do mundo.

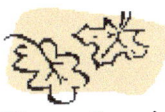

Deus não rejeita oração, ele esta atento aos que de puro coração buscam a sua face, e Poe a disposição o espírito santo para conosco está.

Ele esta atento aos nossos clamores, e dedicado aos nossos familiares.

Tire um momento para falar da criação do mundo para seus filhos, como Deus o criou, não os deixe achar que uma poeira qualquer nos criou, ou que a nossa origem é do macaco.

DÊ TODA HONRA E GLORIA DA NOSSA CRIAÇÃO AO NOSSO ÚNICO CRIADOR AMADO DEUS.

DEUS CRIOU O MAR E TUDO QUE NELE
HÁ

FOI DEUS QUE FEZ AS FLORES PARA
ENFEITAR A TERRA, PARA ME DEIXAR
FELIZ.

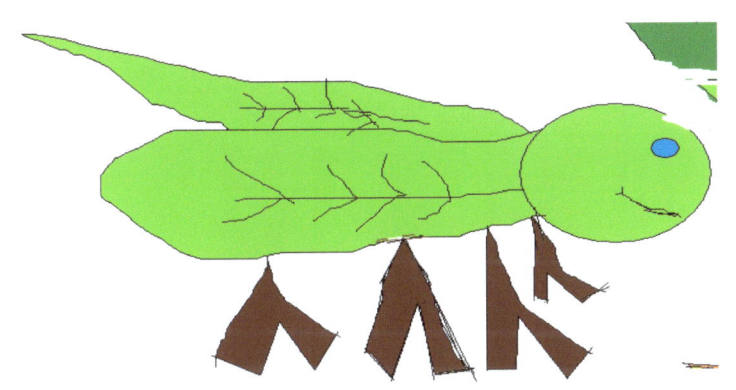

DEUS CRIOU OS ANIMAIS PARA
AMÁ-LOS

Foi Deus quem criou...

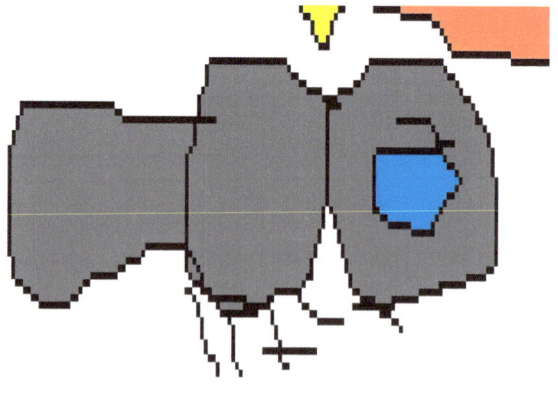

Deus também fez este...

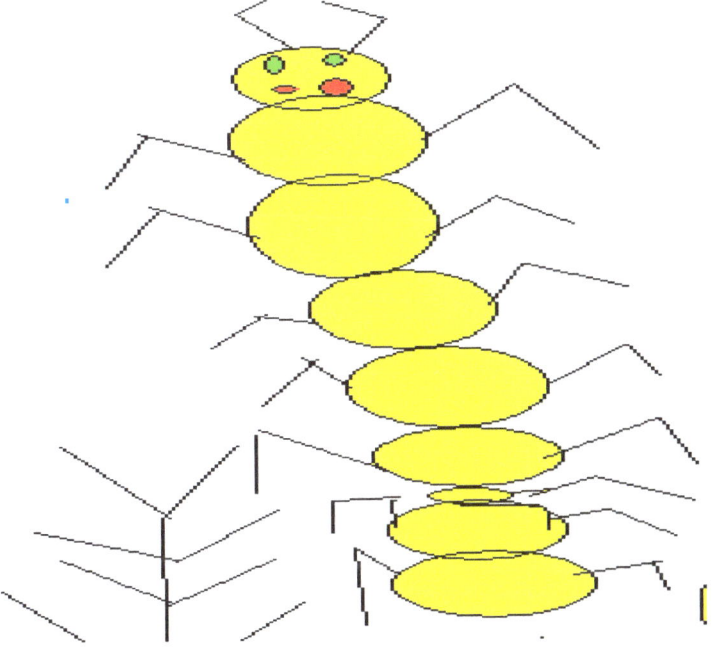

Deus Criou as borboletas

FLORES QUE ENFEITAM O NOSSO DIA

AS MARAVILHOSAS FORMIGAS QUE
TRABALHAN EM EQUIPE, COMO O POVO
DE DEUS.

E fez a família, para cuidar de mim.

Te amo família

A

A

A

C

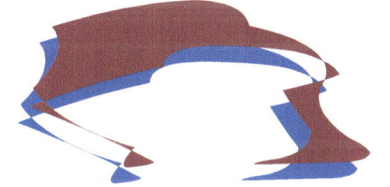

D

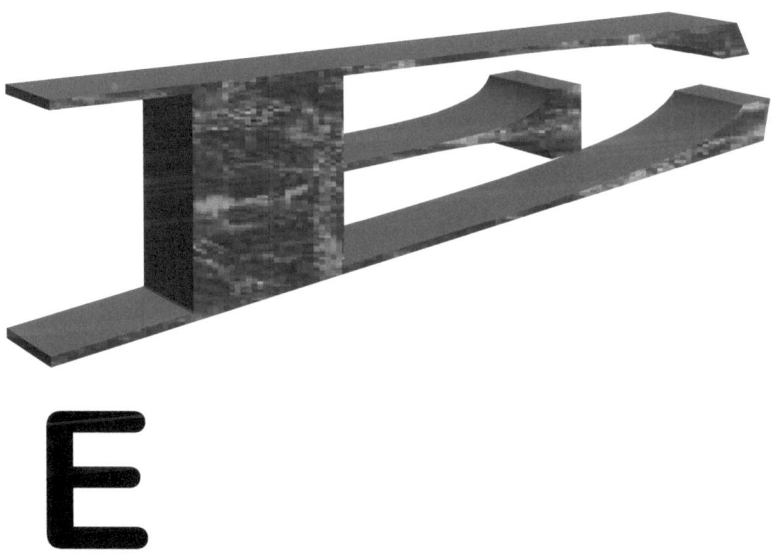

E

F

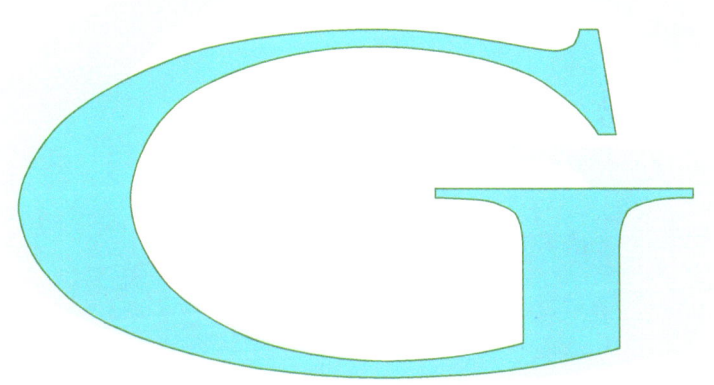

G

H

J

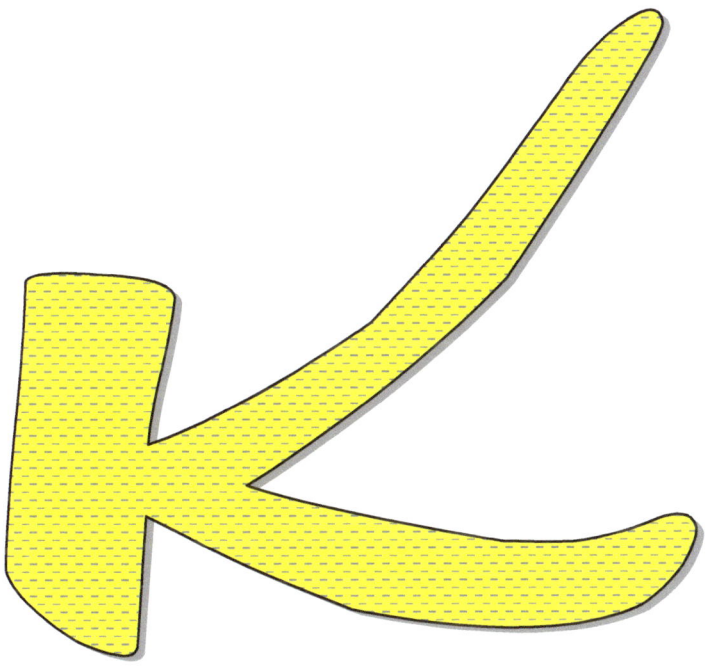

K

N

P

Q

s

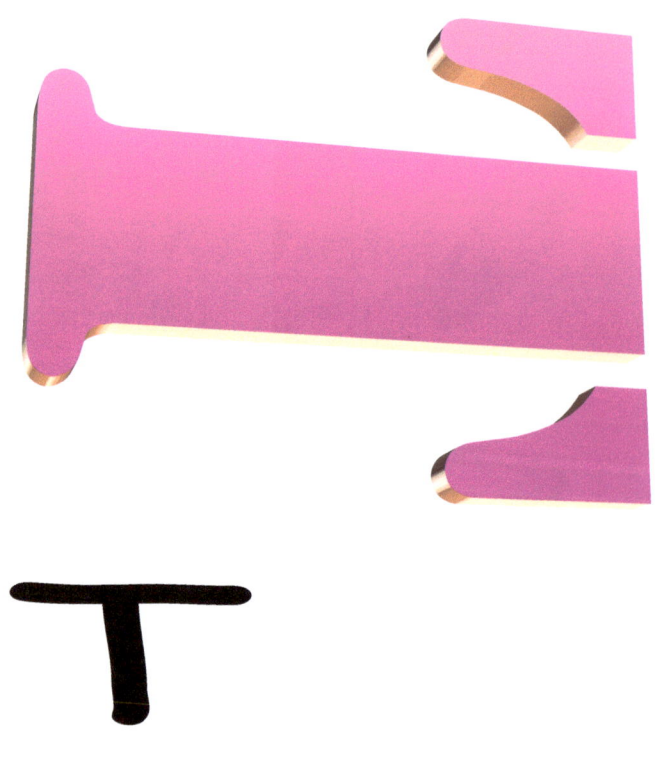

x

Y

Z

VIVEMOS PELO PAI, FELHO E ESPIRITO SANTO.

DEUS, JESUS E O ESPIRITO SANTO.

AMÉM

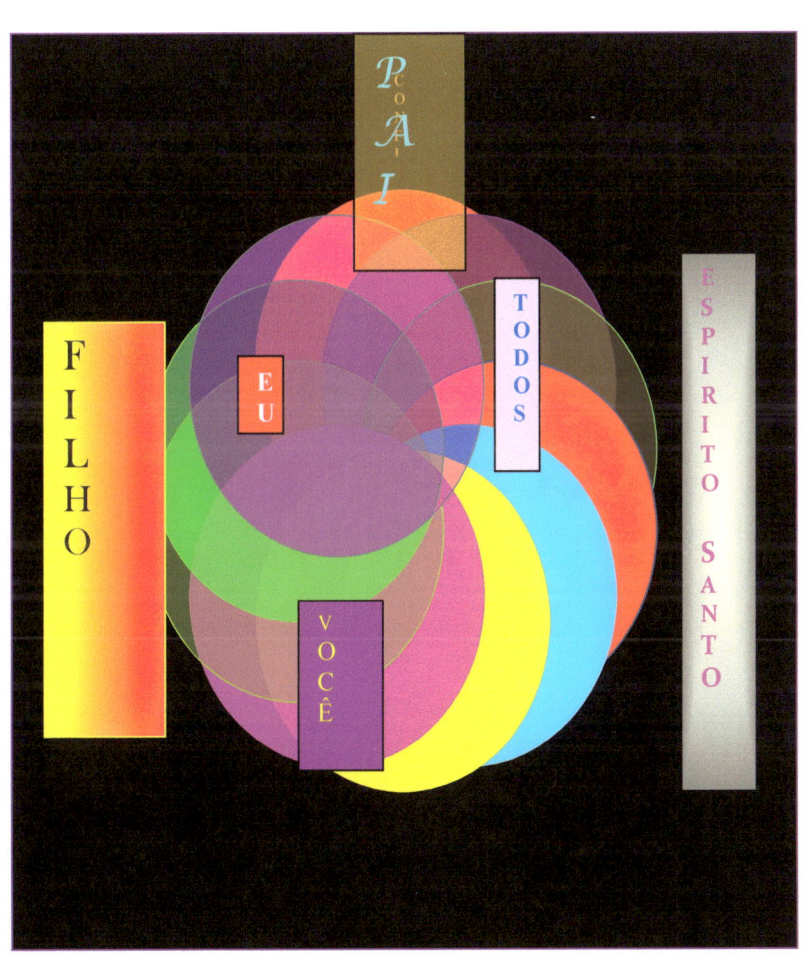

FILHO

PAI

Pessoal

EU

TODOS

ESPIRITO SANTO

VOCÊ

DIGNO É
O

CORDEIO
QUE FOI
MORTO E
REVIVEU..
.

SANTO É O SEU NOME E Adorado LÁ NO CEU.

TREMENDO E SANTO

JESUS!!!

Leão DE

JUDÁ

AMA E CUIDA DOS PEQUENINOS! ENQUANTO O O LOBO RODEIA E QUER TE TRAGAR, JESUS TE GUARDA.

COM JESUS É SÓ FESTA

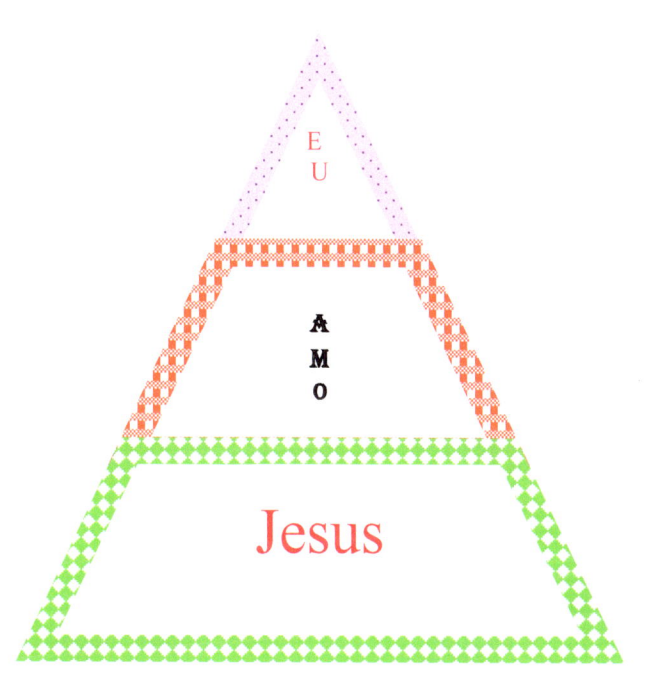

QUANDO VOCÊ SE APAIXON A POR JESUS, TUDO FICA BEM... E VALE A PENA.

O SENHOR PREPARA UMA CEIA PRA VOCÊ, E TE GUARDA DOS INIMIGOS.

"Existe uma coisa pior que o inimigo: o invejoso. Porque o invejoso não quer o que você tem, ele quer o que é seu."

PROTEJA-SE CLAME AO SENHOR E VIVA SEUS MANDAMENTOS.

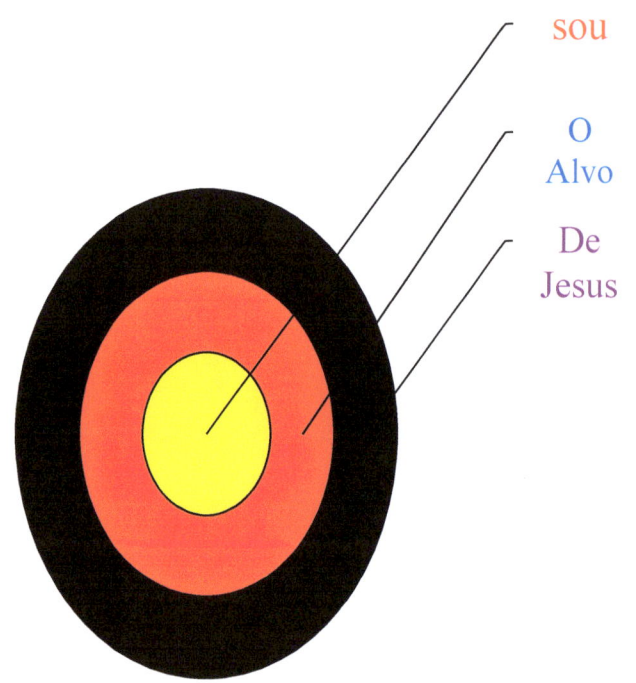

sou

O
Alvo

De
Jesus

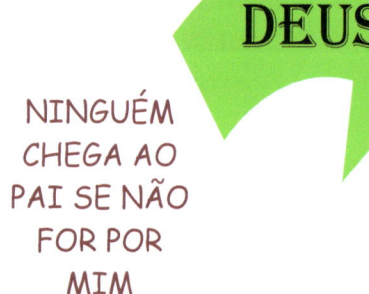

DEUS

NINGUÉM CHEGA AO PAI SE NÃO FOR POR MIM

NÃO VOS DEIXAREI ORFÃO, DEIXO O ESPIRITO CONSOLADOR, O ESPIRITO SANTO.

ESPIRITO

JESUS

ELE FALA CONOSCO SEMPRE E NOS INDICA O CAMINHO C ERTO,

SOU LIVRE PRA TE
ADORAR JESUS

JESUS É A ÚNICA
ESTRELA DE NOSSAS
VID

SORRIA DEUS TE AMA!!!!!

AS ESTRELAS SÓ
SERVEM PARA
ENFEITAR E
ILUMINAR O CÉU, FOI
POR ISSO QUE DEUS
CRIOU.

O SOL NÃO É UM DEUS, ELE SÓ BRILHA PORQUE DEUS O CRIOU.
AGRADEÇA A DEUS.

AS NUVENS TRAZEM CHUAVAS
DE VIDA PERMIÇÃO DE DEUS.

LUZ DO MUNDO, O SAL QUE DA TERRA.

Todos nós somos
imagem e semelhança de
Deus, isso é
privilegio de ser livre.

Jesus O Sol da manhã, e de uma longa vida a te amar.